Lachende Gesichter

240 Bleistiftzeichnungen im expressionistischen Stil

Kurt Heppke

Bibliografische Information der Deutschen Nationalbibliothek:
Die Deutsche Nationalbibliothek verzeichnet diese Publikation in der Deutschen Nationalbibliografie; detaillierte bibliografische Daten sind im Internet über http://dnb.dnb.de abrufbar.

Herstellung und Verlag: BoD – Books on Demand, Norderstedt

ISBN: 978-3-7568-8913-6

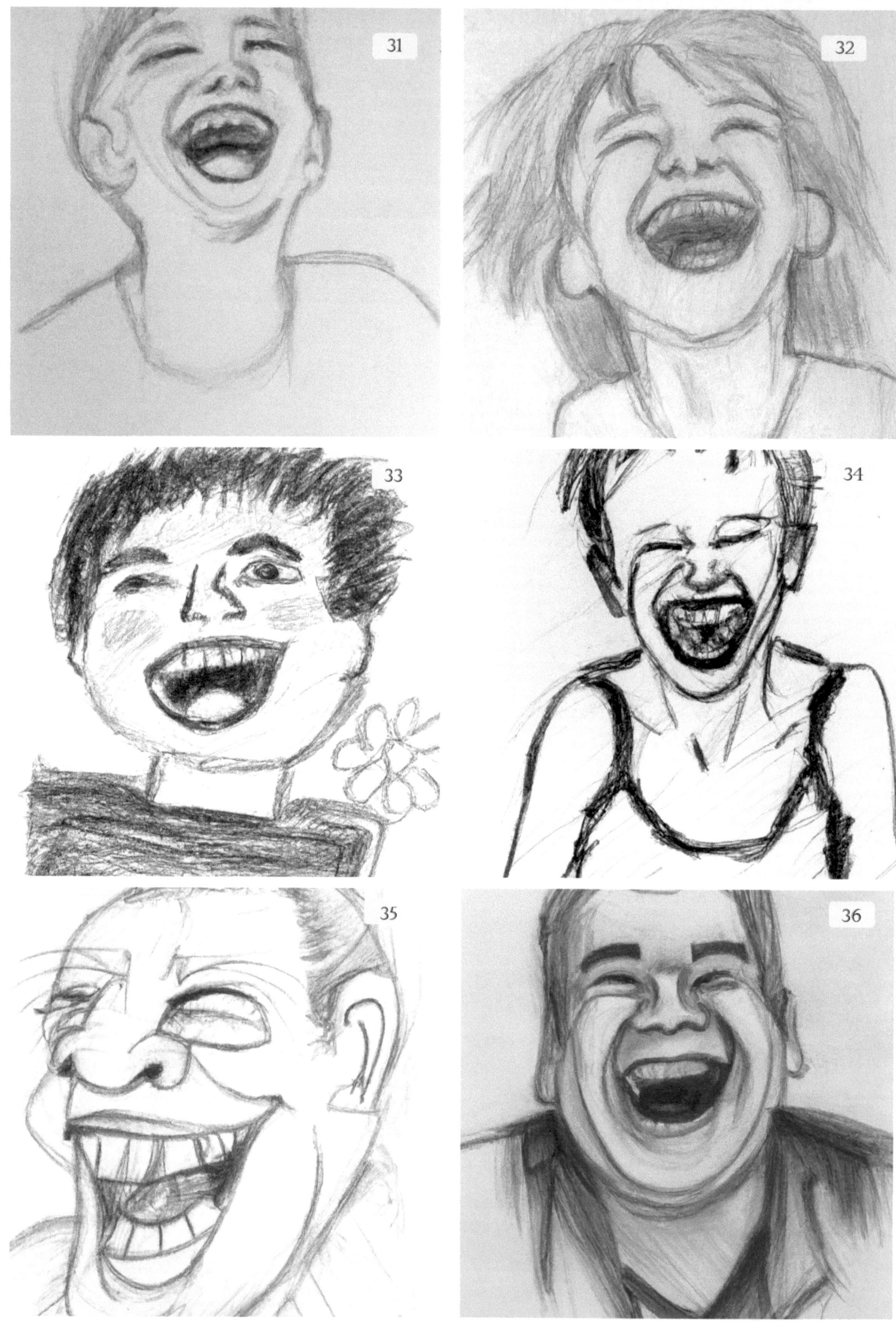

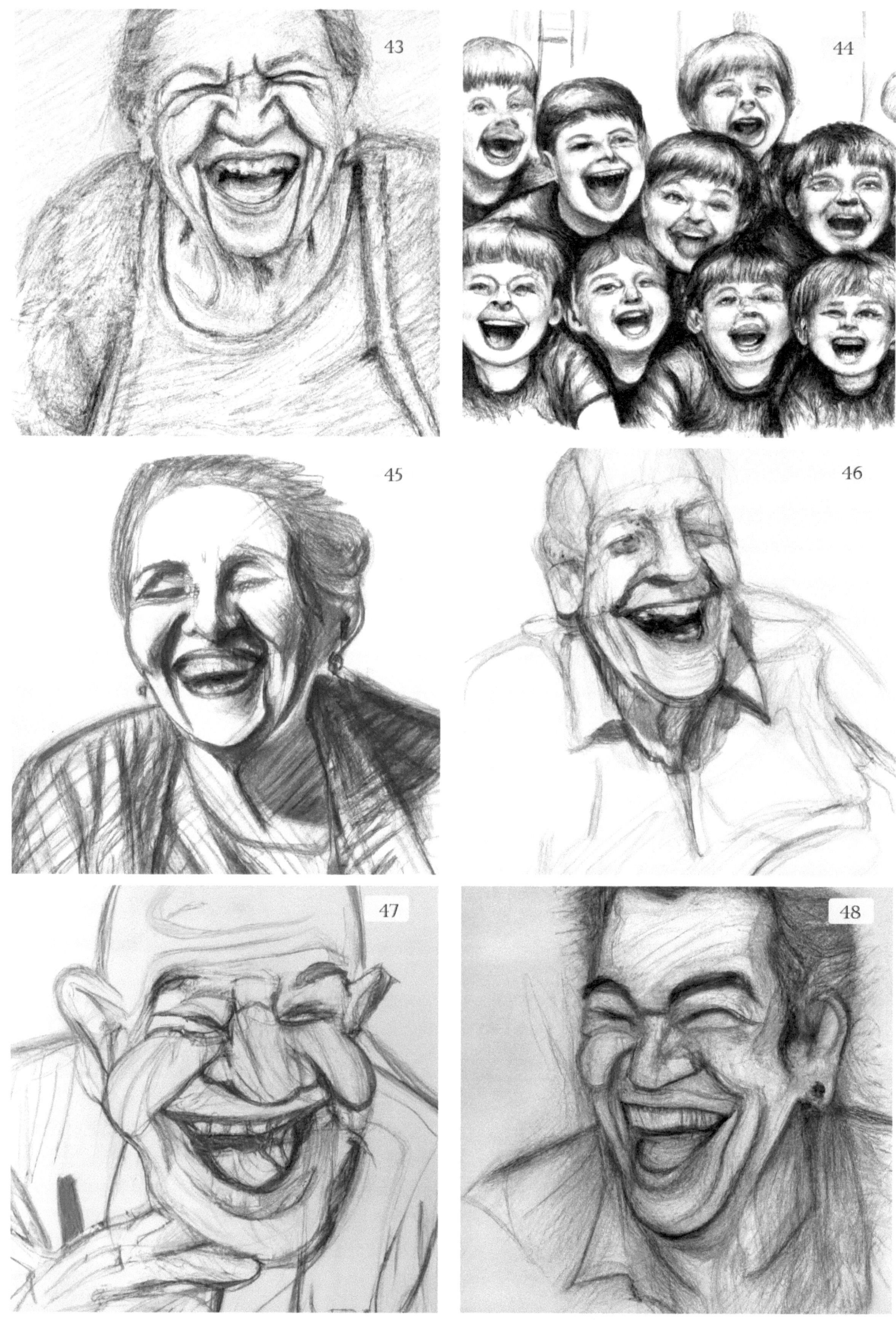

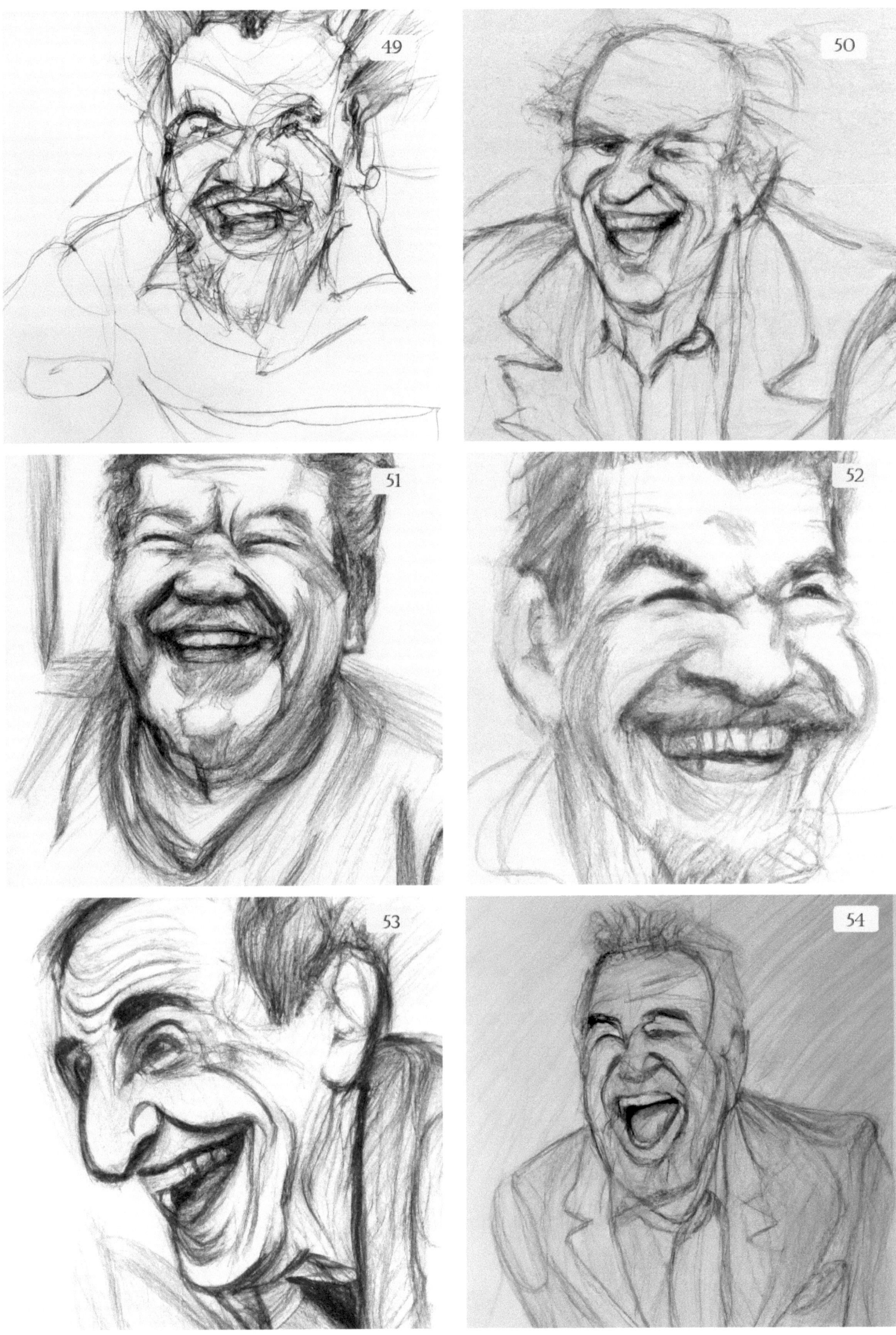

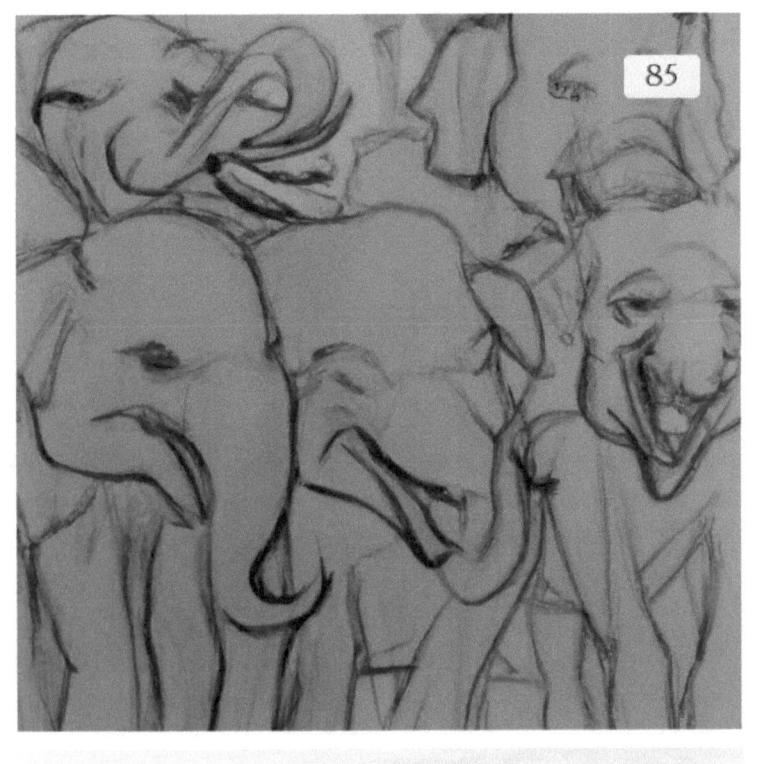

85

86

87

88

89

90

145

146

147

148

149

150

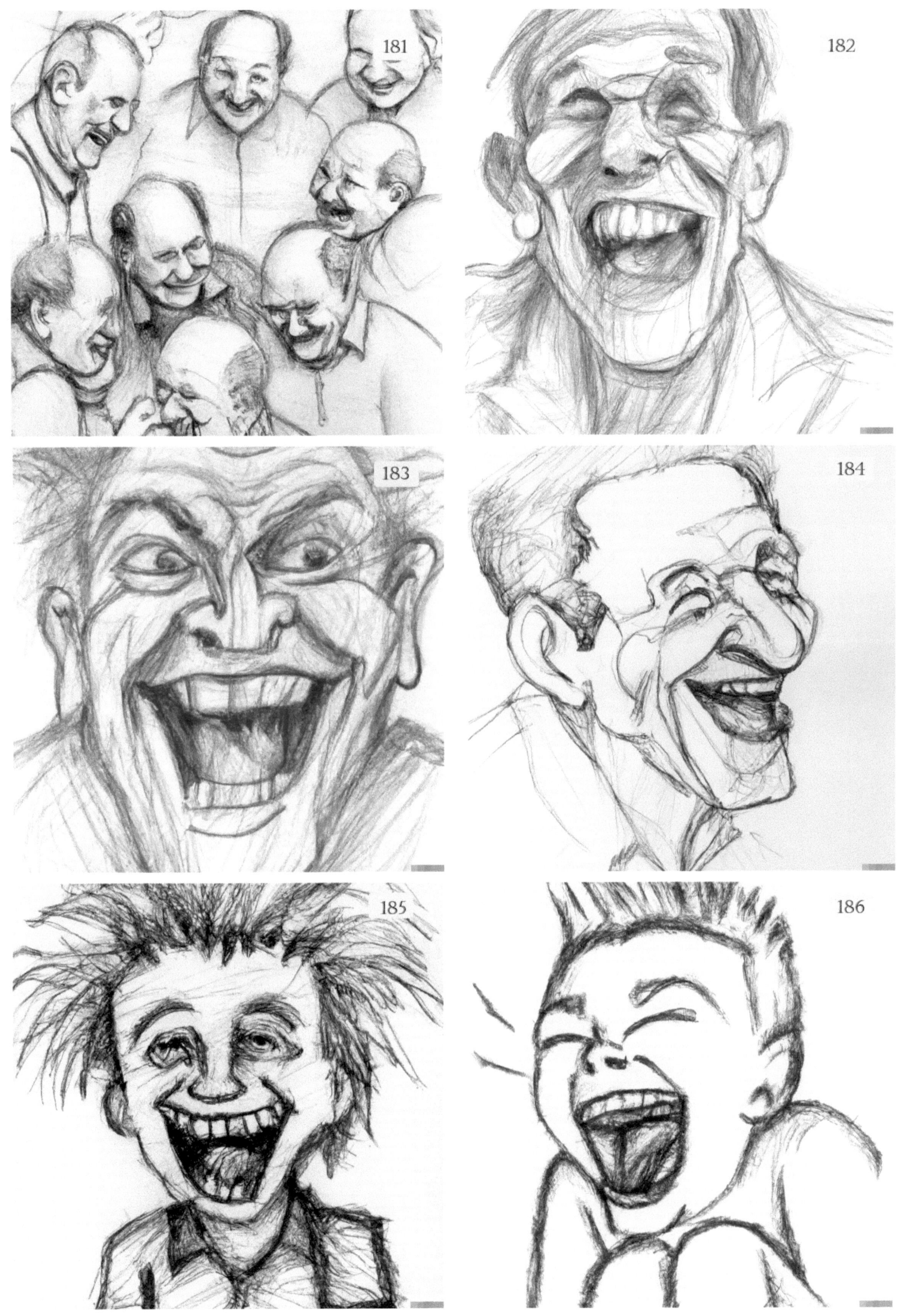

223

224

225

226

227

228

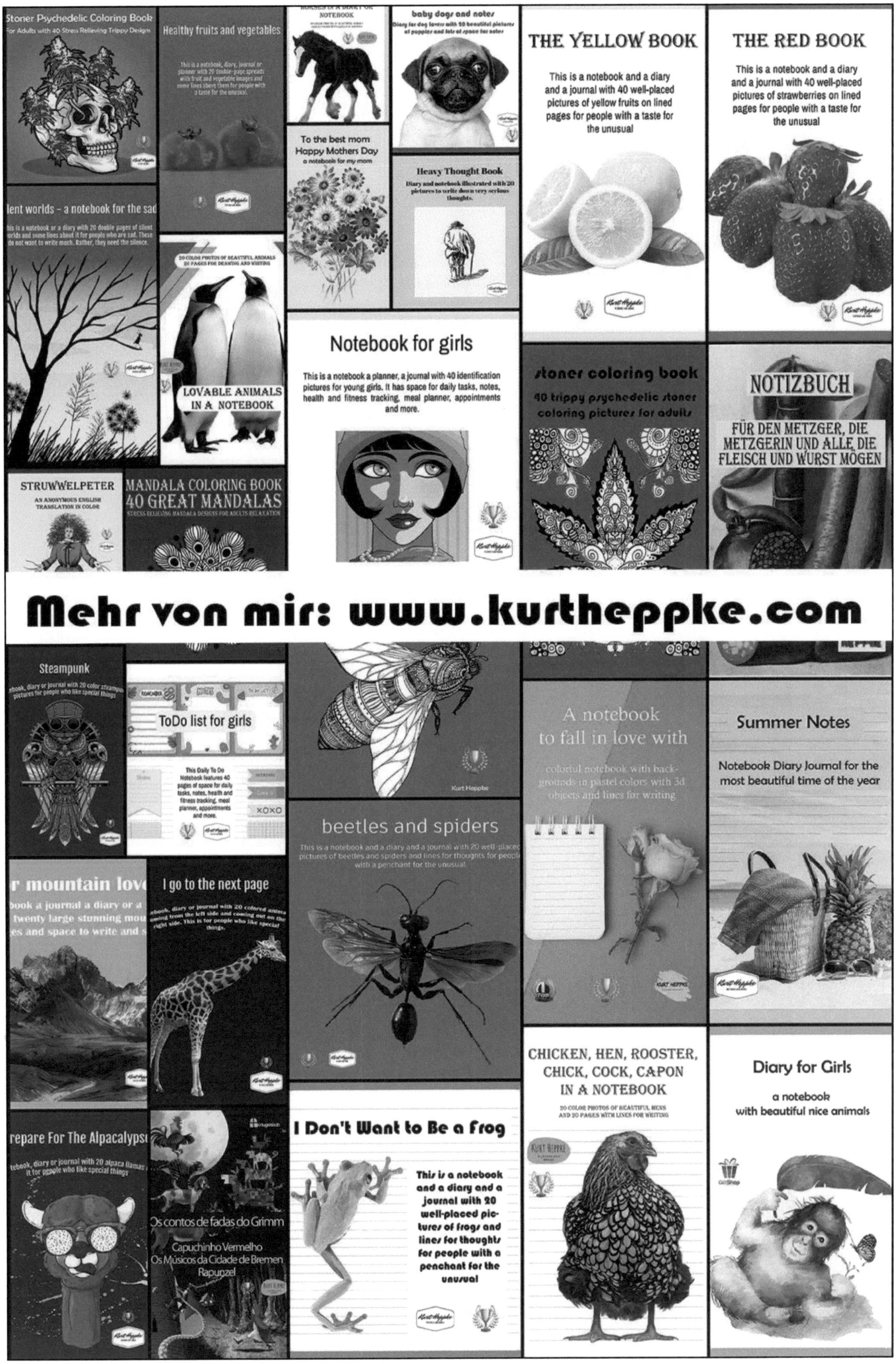
Stoner Psychedelic Coloring Book
For Adults with 40 Stress Relieving Trippy Designs
Healthy fruits and vegetables
baby dogs and notes
THE YELLOW BOOK
This is a notebook and a diary and a journal with 40 well-placed pictures of yellow fruits on lined pages for people with a taste for the unusual
THE RED BOOK
This is a notebook and a diary and a journal with 40 well-placed pictures of strawberries on lined pages for people with a taste for the unusual
To the best mom
Happy Mothers Day
a notebook for my mom
Heavy Thought Book
lent worlds - a notebook for the sad
LOVABLE ANIMALS IN A NOTEBOOK
Notebook for girls
This is a notebook a planner, a journal with 40 identification pictures for young girls. It has space for daily tasks, notes, health and fitness tracking, meal planner, appointments and more.
stoner coloring book
40 trippy psychedelic stoner coloring pictures for adults
NOTIZBUCH
FÜR DEN METZGER, DIE METZGERIN UND ALLE, DIE FLEISCH UND WURST MÖGEN
STRUWWELPETER
AN ANONYMOUS ENGLISH TRANSLATION IN COLOR
MANDALA COLORING BOOK
40 GREAT MANDALAS
Mehr von mir: www.kurtheppke.com
Steampunk
ToDo list for girls
A notebook to fall in love with
Summer Notes
Notebook Diary Journal for the most beautiful time of the year
beetles and spiders
I go to the next page
r mountain lov
repare For The Alpacalyps
Os contos de fadas do Grimm
Capuchinho Vermelho
Os Músicos da Cidade de Bremen
Rapunzel
I Don't Want to Be a Frog
This is a notebook and a diary and a journal with 20 well-placed pictures of frogs and lines for thoughts for people with a penchant for the unusual
CHICKEN, HEN, ROOSTER, CHICK, COCK, CAPON IN A NOTEBOOK
Diary for Girls
a notebook with beautiful nice animals

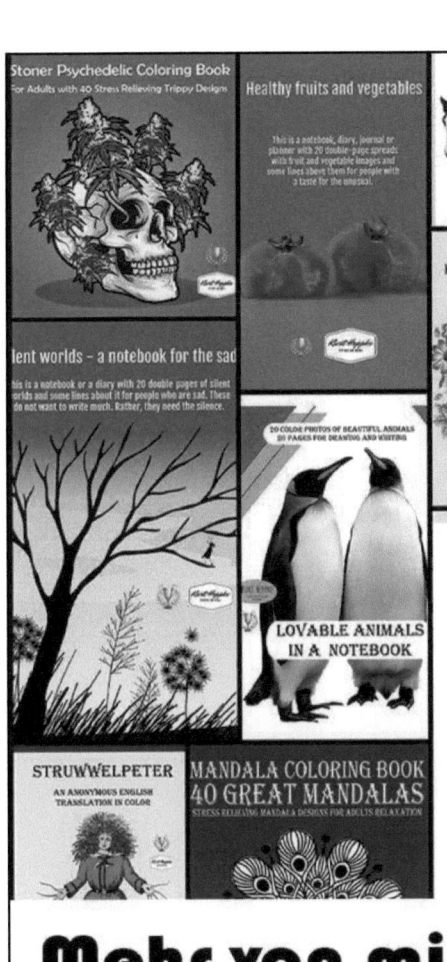

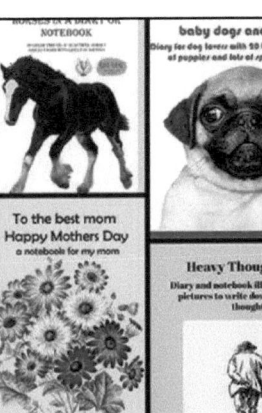

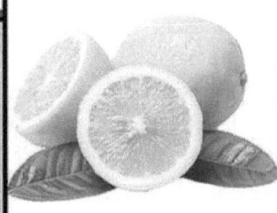

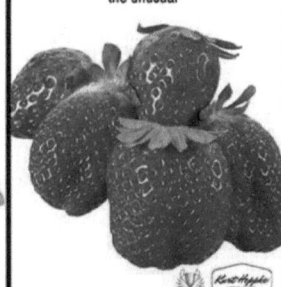

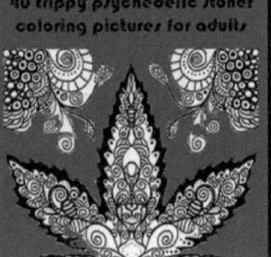

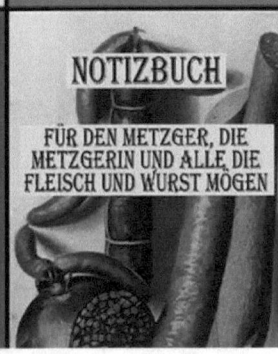